ASSOCIATION NORMANDE

Session de 1894, tenue à Alençon (Orne)

EXCURSION A ESSAY

PAR

M. Louis DUVAL

INSPECTEUR DE L'ASSOCIATION NORMANDE

CAEN

HENRI DELESQUES, IMPRIMEUR-ÉDITEUR

RUE FROIDE, 2 ET 4

—

1895

ASSOCIATION NORMANDE

Session de 1894, tenue à Alençon (Orne)

EXCURSION A ESSAY

PAR

M. Louis DUVAL

INSPECTEUR DE L'ASSOCIATION NORMANDE

CAEN

HENRI DELESQUES, IMPRIMEUR-ÉDITEUR

RUE FROIDE, 2 ET 4

1895

Extrait de l'*Annuaire Normand*. — Année 1895.

EXCURSION A ESSAY

Bois-Roussel, Essay, Beaufossé et Boitron avaient été inscrits comme étapes dans le programme de la seconde excursion de l'Association Normande aux environs d'Alençon.

Après Saint-Cénery et Saint-Léonard-des-Bois, il était difficile de trouver, dans le périmètre restreint où nos courses étaient bornées, un itinéraire plus varié et plus intéressant, soit au point de vue agricole, soit au point de vue pittoresque, soit au point de vue archéologique.

M. Eugène de Beaurepaire, notre aimable et savant directeur, ayant bien voulu se charger de la partie agricole, ma tâche va se borner à donner un résumé fidèle des observations de nos collègues sur les sites remarquables, les monuments et objets d'art que nous avons visités, et à les compléter au moyen de quelques recherches personnelles.

I.

Le domaine de Bois-Roussel était, avant la Révolution, une dépendance de la haute justice de

Bursard et de la commanderie de Montlioust, ordre de Saint-Lazare (1). Le seigneur de Bursard paraît même s'être considérablement arrondi au moyen d'acquisitions de terres dépendantes de la commanderie. C'est ainsi que par contrat du 3 février 1713, passé devant les notaires d'Essay, il avait acquis divers héritages à Bursard, à lui vendus par Pierre Robichon de La Guérinière. Cet acte est intéressant, parce qu'il nous fournit l'occasion de rattacher à ce pays d'élevage un nom célèbre dans les annales sportives.

On trouve en effet, à la date du 28 mars 1687, dans les registres de l'état civil de la paroisse de Saint-Pierre-d'Essay, l'acte de naissance de François-Pierre Robichon, fils de Pierre Robichon, sieur de La Guérinière, officier de la chambre de Son Altesse royale Madame la duchesse d'Orléans, et de demoiselle Thérèse-Françoise de La Fournerie, qui eut pour parrain François Robichon, sieur du Haut-Hamel, officier de feu Monsieur, duc d'Orléans, et pour marraine demoiselle Catherine-

---

(1) Bursard s'est probablement formé au moyen des essartements opérés dans la forêt de Bourse, et peut-être est-ce là l'origine de son nom *Buresard* (ann. 1243, *Cartulaire de Perseigne*) Ce lieu fut cependant habité dès l'époque romaine, car M. Rœderer y a trouvé, dans ses champs, deux monnaies de bronze, l'une au type d'Auguste, l'autre à l'effigie de Néron, qu'il offrit à la Société des Antiquaires de Normandie. (Galeron, *Rapport sur les monuments historiques de l'arrondissement d'Alençon*, p. 13).

Françoise de Malmesnil, épouse du sieur de La Fournerie (1).

Il est bon de rappeler que la terre de la Guérinière est située sur le territoire de Bursard, du côté de Neauphe-sous-Essai, et que François-Pierre Robichon de La Guérinière, écuyer du Roi, auteur de l'*École de cavalerie*, publié en 1733, a été le premier directeur de la célèbre Académie d'équitation fondée à Caen en 1719 « pour l'éducation de la jeune noblesse françoise et étrangère », en vertu de lettres de privilège données par Charles-Louis de Lorraine, prince de Pons, grand écuyer (2).

Mais, pour ne pas nous écarter de Bois-Roussel, nous devons faire remarquer que les accroissements du fief de Bursard aux dépens de la commanderie de Montlioust que nous avons signalés, amenèrent des contestations très vives, au XVIII° siècle, entre M. Costard de Bursard et le commandeur Jacques Michel de Bonvoust. De plus, lorsque M. le comte de Provence, nommé grand-maître de l'ordre de Saint-Lazare, eut reçu le duché

(1) Un autre enfant, qui fut nommé Guillaume-Pierre Robichon, naquit du même mariage dix ans plus tard, et fut ondoyé le 12 février 1697.

(2) « Nul écuïer ne peut tenir Académie pour instruire les gentilshommes aux exercices de guerre et autres, convenables à la noblesse, sans l'ordre et permission du grand écuïer de France » (*L'État de la France*, 1712, t. I, p. 554). — L'abbé De La Rue, *Nouveaux essais hist sur la ville de Caen*, t. II, p. 423.

d'Alençon en apanage, il ne manqua pas d'exercer des revendications rigoureuses contre le seigneur de Bursard. Dans un des mémoires produits à l'occasion de ces procès, nous trouvons l'exposé suivant, rédigé sous une forme assez piquante :

« Le seigneur de Bois-Roussel s'est toujours distingué. Le fief de la commanderie lui faisoit ombrage à Bursard et à Essay. De là naquit l'ambition d'avoir ce fief et de le réunir à Bursard et à Bois-Roussel, mais sous la couleur d'un titre quelconque. A cet effet, il fut fait un échange entre le sieur de Bursard et le commandeur de Montlioust.. et ce qu'il y a de plus remarquable, c'est que les abandons du sieur de Bois-Roussel appartenoient de tous temps à la commanderie de Montlioust. Par conséquent, il donna au commandeur ce qui était au commandeur. On rit d'un pareil procédé et on se tait sur les réflexions.... Par la même suite de retenues, M. de Bois-Roussel a usurpé presque tout le fief, parce que les rentes à lui cédées sont affectées sur des héritages qui ne furent point échangés, mais il en a toujours fait son fief et son domaine par provision, et personne ne s'y est opposé. Ces héritages usurpés sont les villages de la Guérinière, la Sicotière, les Sons, les Pâtis, les Sauvagères, l'Héritage-Pellet, la Picardière et la Barbotière. Tous ces objets, distraits de ceux contenus au mémoire qui suit, il est clair comme le jour que le fief de la commanderie n'est plus rien ; trop heureux s'il n'est pas tenu en vasselage de Bursard. »

Ces contestations n'empêchèrent pas Jean-Jacques-Charles Costard, écuyer, seigneur de Bursard, Bois-Roussel et autres lieux, de faire ériger ces domaines en marquisat et d'obtenir de Monsieur, le 30 janvier 1784, des lettres de commission de conservateur de chasses de la maîtrise d'Alençon :

Louis-Stanislas-Xavier, fils de France, frère du Roi, duc d'Anjou et d'Alençon, comte du Maine, du Perche et de Senonches, à tous ceux que ces présentes verront, salut. Désirant pourvoir à la conservation de nos chasses dans l'étendue de la maîtrise d'Alençon, sur les bons et louables témoignages qui nous ont été rendus du s^r Jean-Jacques-Charles Costard, marquis de Bursard, et de son zèle et affection à notre service et ayant agréable la présentation qui nous a été faite de sa personne, par notre cher et bien aimé le s^r comte d'Oilliamson, capitaine et conservateur général des chasses, des plaines et forêts de notre duché d'Alençon, nous l'avons commis et établi et, par ces présentes, le commettons et établissons conservateur de la plaine d'Alençon, de la commune de Chercenay (1) dans la paroisse de Radon, de la commune de la Bliveterie et des terres du domaine, situées dans les paroisses de la Ferrière-Béchet, Cleray, Belfont et Saint-Hilaire, pour ladite commission avoir, tenir et dorénavant exercer, en jouir et user par ledit s^r marquis de Bursar aux honneurs, autorités et prérogatives y appartenants, conformément à nos règlements, et ce tant qu'il nous plaira. Enjoignons aux officiers, gardes et autres personnes établies ou à établir pour la conservation de nos chasses dans l'étendue de ladite maîtrise d'Alençon,

(1) Cherchenay, hameau entre les paroisses de Radon, du Froust et de Colombiers.

de reconnaître ledit s^r marquis de Bursar en ladite qualité et de lui obéir et entendre les choses concernant la présente commission. Car tel est notre plaisir. En témoin de quoi nous avons fait mettre notre scel à ces dites présentes. Donné à Paris, le trentième jour de janvier, l'an de grâce mil sept cent quatre vingt quatre.

Par Monsieur en son Conseil,

MOREL.

Le sceau qui accompagne ces lettres est en cire rouge. Le prince y est représenté à cheval, tenant un bouclier de la main gauche et une épée de la main droite. Au contre-sceau sont les armes d'Alençon, surmontées d'une couronne et accompagnées de la grande croix de l'ordre du Saint-Esprit (1).

Le nom de J.-J.-C. Costard de Bursard figure en tête des signatures du Cahier des instructions et pouvoirs donnés par les membres de l'ordre de la noblesse du bailliage d'Alençon à leurs députés, à la suite des noms de MM. Bougis de Courteille et de Beaurepaire de Louvagny. Il fut également un des premiers gentilshommes de l'assemblée qui, avec MM. de Beaurepaire de Louvagny et le vicomte de Chambray, signèrent une déclaration portant qu'ils s'en-rapportaient aux États Généraux pour le maintien ou l'abandon des privilèges de la noblesse. C'était un homme lettré, qui possédait une bibliothèque assez considérable et qui avait fait graver plusieurs *ex-libris* à ses armes, dont l'un de année 1774.

(1) Archives de l'Orne. Série E. Titres de Costard.

Plusieurs membres de cette famille furent portés sur la liste des émigrés et eurent leurs biens saisis et acquis à la République.

Voici comment Bois-Roussel est entré dans la famille Rœderer. Le sénateur Rœderer (Pierre-Louis) avait été nommé en 1803 titulaire de la sénatorerie de Caen, et l'ancienne maison de la Visitation d'Alençon lui avait été affectée pour résidence, en vertu d'un arrêt du gouvernement de la République en date du 18 fructidor an XI. A partir de ce moment le sénateur Rœderer devint le personnage le plus important du département de l'Orne. Il s'y attacha et se détermina ainsi à acquérir le domaine de Bois-Roussel, dont il ne tarda pas à faire son séjour de prédilection. Grâce à lui, Bois-Roussel se transforma rapidement et devint bientôt un véritable foyer littéraire, une sorte d'hôtel de Rambouillet du XIXe siècle. On y vit souvent quelques-uns des représentants de cette société si brillante du temps du Directoire et durant les belles années de l'Empire. Rœderer, lui-même, n'avait qu'à interroger ses souvenirs pour faire revivre sous les yeux de ses hôtes les images des personnages historiques au milieu desquels il avait vécu. C'était Marie-Antoinette, Mme Élisabeth, Mme Roland, le citoyen Camille Desmoulins, Mme Tellier, Joséphine, Marie-Louise, Mme de Staël. « Une simple causerie vous initiait en quelques heures à ce qu'aucune histoire, à ce qu'aucune correspondance publique ne pourrait vous faire connaître. »

On avait dansé à l'hôtel de Rambouillet, on dansa au château de M. Rœderer, et aux bals on joignit la comédie. Il fit construire un théâtre, en composa lui-même les pièces, et inaugura sur cette scène improvisée, à l'aide d'artistes de société, un genre encore nouveau : la comédie historique ou plutôt l'histoire dialoguée. Le théâtre du comte Rœderer a été imprimé à 100 exemplaires, à Dinan, de 1824 à 1826, en trois volumes in-8°, avec celui de M. Antoine-Marie Rœderer fils. Il comprend non seulement des pièces historiques, mais des proverbes et des parades, notamment la *Foire d'Alençon*, comédie-parade en deux actes, dans laquelle l'ancien sénateur de l'Empire s'est mis lui-même en scène sous le nom de M. Ledur, sorte de bourru bienfaisant.

« On ne saurait dire, au rapport d'un témoin oculaire, M. Bergounioux (1), ce qui se dépensa d'esprit et de gaieté à l'époque de ces représentations. Si, par des scrupules exagérés, l'auteur en avait été économe dans ses comédies, loin du regard du maître, les acteurs se dédommageaient dans les coulisses de la réserve du personnage qu'ils représentaient ; il pleuvait des quatrains et des madrigaux, ce qui d'ailleurs ne sentait pas mal son hôtel de Rambouillet. Lorsqu'on joua pour la première fois la comédie à Bois-Roussel, un député de l'opposition,

____

(1) Revue de Paris, 7 janvier 1845. — *Le département de l'Orne archéologique et pittoresque*, p. 166.

devenu depuis un de nos magistrats les plus élevés en dignité (M. de Schonen), écrivit ces vers pour une belle personne, sœur d'un général proscrit en 1815, qui représentait dans cette pièce certaine duchesse d'Alençon, mariée à je ne sais quel sacripant de duc :

> Duchesse, la plus belle entre les plus jolies,
>   Vous eûtes un méchant époux.
>   Le duc a fait bien des folies,
>   Mais vous avez fait bien des fous.

Le maître lui-même ne dédaigna pas de paraître sur son théâtre et y reçut des applaudissements. Cet exemple devint contagieux, et quelques jeunes gens de Sées se mirent en tête d'établir un théâtre dans un magasin que la ville leur loua et se constituèrent en troupe dramatique. Ils donnèrent des représentations au profit des pauvres. Ce ne fut pas la seule ville qui entra dans la voie frayée par la société de Bois-Roussel, d'autres eurent bientôt aussi leurs comédiens amateurs.

En 1830, il fut nommé maire d'Essai et conseiller général; mais il échoua à la députation, malgré l'appui de M. Clogenson, l'un des habitués du Bois-Roussel, devenu préfet de l'Orne. Il est à noter que c'est parmi ceux à qui son château avait été le plus hospitalier sous la Restauration qu'il rencontra la plus vive opposition. Le charme irrésistible qu'exerçait l'amphytrion de Bois-Roussel était dû uniquement à sa personne, et la politique n'avait rien à y voir. A titre de compensation, M. Rœderer fut quelque temps après nommé pair de France. C'est alors qu'il écrivit à Bois-Roussel son *Adresse d'un constitutionnel aux constitutionnels*, brochure pleine de verve, dirigée contre l'oligarchie ministérielle au profit de la royauté. Rœderer touchait à quatre-vingts ans ; il voulait finir par un coup de maître. A cette brochure, qui eut le plus grand retentissement dans le monde politique, il fit succéder son curieux *Mémoire pour servir à l'histoire de la Société polie*, dans lequel revit l'esprit étincelant du merveilleux causeur, du fin lettré que Sainte-Beuve nous a si bien fait connaître. Ce fut son chant du cygne. Il mourut presque subitement le 17 décembre 1835.

Il avait fait bâtir à l'extrémité de ses jardins, du côté d'Essay, un second château, auquel il donna le nom de Matignon, parce que les briques employées dans la construction provenaient des démolitions de l'ancien château de Lonray, demeure des Matignon. Ce château a été occupé pendant plusieurs années par M. de Corcelles, père de Mme la comtesse Rœderer. C'est là que la confiance de ses nouveaux concitoyens vint le chercher pour l'appeler successivement à la Chambre des députés et à l'Assemblée nationale, où il ne tarda pas à se faire une place si belle.

II.

Essay, dont l'origine paraît remonter à l'époque romaine, dut faire partie, avec Alençon et Domfront, du domaine des ducs de Normandie. C'était une des places fortes dont la garde fut confiée aux seigneurs de Bellême dès le Xe siècle. Son donjon faisait partie de la ligne de défense établie par les Talvas sur les marches de la Normandie, du Perche et du Maine. Il avait été bâti sur une colline schisteuse, entourée au nord et au midi par un étang. L'appareil des murs qui enveloppaient la chapelle, bâtie au cœur de la forteresse, et dont quelques portions sont encore debout, porte le caractère des constructions du XIe siècle, et les assises en sont disposées en forme de feuilles de fougères ou d'arêtes de poisson. Le donjon était flanqué de tours dont il ne reste plus aucun vestige.

La chapelle du château, dédiée à saint Laurent, à la nomination du roi, subsiste encore. On l'aperçoit de loin à travers les arbres, coquettement posée sur l'esplanade, élégante encore dans sa misère. Ses fenêtres trilobées, aux meneaux flamboyants, la font remonter au temps de Pierre II, comte d'Alençon.

Essay fit partie intégrante des domaines de ces comtes, issus des Talvas, jusqu'à l'extinction de leur race, à la mort de Robert II. Le roi Philippe-

Auguste, à la suite de transactions avec les héritiers de Robert, se mit alors en possession du comté d'Alençon. En 1220, Hemeri, vicomte de Châtellerault, et Ela, veuve de Robert, fils Ernée, firent abandon à Philippe-Auguste du château d'Essay et de tout le domaine, fieffé et non fieffé, qui en dépendait avec la forêt de Bourse. L'enquête qui fut faite à cette occasion nous fait connaître l'importance des revenus de cette châtellenie s'élevant à 85 livres, sur lesquels le chapelain de Saint-Laurent prenait 10 livres.

Ce château fut une des résidences préférées des comtes d'Alençon, issus de Pierre, fils de saint Louis. Ce roi, dans le dernier voyage qu'il fit en Normandie, en 1269, vint lui-même à Essay et y coucha, le 8 juillet (lundi après la Saint-Martin-le-Bouillant). Il expédia d'Essay, à cette date, à Thibaut, comte de Champagne, roi de Navarre, une lettre en faveur de Jean de Nanteuil, nommé récemment à l'évêché de Troyes, auquel, après sa prestation du serment de fidélité au roi, il avait accordé remise des droits de régale.

C'est également d'Essay qu'est datée la charte de la donation faite par saint Louis à l'un de ses clercs, Nicolas de Verneuil, et à sa femme, d'une rente viagère de 20 livres parisis, à prendre sur les revenus de la prévôté de Verneuil.

Outre la beauté du site, le voisinage de la forêt de Bourse et les facilités qu'on y trouvait pour l'exercice de la chasse attiraient fréquemment ces princes à Essay. Trois des enfants du comte Pierre II y sont nés, le comte Jean Ier, dit le Sage, tué à Azincourt, qui fit ériger le titre de comte d'Alençon en duché-pairie, et les princesses Jeanne et Marie ses sœurs.

On doit au comte Pierre II plusieurs augmentations importantes faites au château d'Essay. De plus il fit entourer la ville d'une enceinte de murs et de fossés, et obligea les habitants à contribuer à ces travaux. Ces mesures de défense n'étaient que trop justifiées par la situation du pays depuis l'ouverture des hostilités avec les Anglais. Pierre de la Corneille était capitaine d'Essay en 1361, lorsque les Anglais s'emparèrent de l'abbaye de Saint-Martin de Sées, d'où ils furent chassés, l'année suivante, par du Guesclin. Il avait été précédé, dans le commandement de cette place, par Jean de Rochefort.

En 1417, Essay eut le même sort que toutes les places de Normandie, à l'exception du Mont-Saint-Michel, et tomba au pouvoir des Anglais. Cette place avait alors pour capitaine Pierre d'Aché, frère de Jean, surnommé le *Petit-Galois*, qui commandait à Alençon.

Pendant l'occupation anglaise, les capitaines normands ne cessèrent d'inquiéter l'ennemi par des attaques subites et réitérées. C'est ainsi qu'en 1433, Raoul de Jupille, seigneur d'Aunou-sur-Orne, trouva moyen de s'introduire dans le fort de Saint-Martin de Sées, tentative glorieuse qu'il paya de sa vie, car les Anglais ne tardèrent pas à mettre le siège devant l'abbaye et à y rentrer.

La reprise du château d'Essay par le duc d'Alençon Jean II, l'ami de Jeanne d'Arc qui l'appelait son beau duc, est entourée, dans les récits de nos chroniqueurs, de circonstances romanesques, qu'on nous permettra de rappeler.

En 1449, lorsque Charles VII se fut enfin décidé à seconder le mouvement spontané des villes normandes qui avaient commencé à se débarrasser de leurs garnisons qui, n'étant plus payées, ne vivaient que de rapines et de brigandages, le duc Jean II avait reparu dans son duché à côté du roi, et les bourgeois de Verneuil et de Gacé l'avaient accueilli avec enthousiasme. Longny était de même tombé au pouvoir des Français. Cependant, une partie de la garnison d'Essay, ne se doutant pas que le duc d'Alençon fût si près d'elle, avait résolu, à l'entrée du carême, d'aller, capitaine en tête, pêcher l'étang d'Aves, situé à quelque distance de là. Les soldats qui gardaient le fort de Boitron devaient être de la partie. Malheureusement pour eux, un brave gentilhomme du pays, Macé Mallard, seigneur deFontaines, fief assis en la paroisse de Boitron, en ayant été informé, prévint le duc d'Alençon et, aidé de quelques-uns des siens, tomba à l'improviste sur les Anglais, occupés à leur pêche, et les tailla en pièces. En même temps, le duc accourait à la tête d'une troupe d'élite sous les murs d'Essay, précédé par la nouvelle de la défaite pitoyable essuyée par les Anglais sur les bords de l'étang d'Aves. Il menace le lieutenant, qui commande en l'absence du capitaine, de passer le resté de la garnison au fil de l'épée si elle ne se rend pas sur l'heure. Les Anglais effrayés s'empressent d'ouvrir les portes de la ville et d'offrir les clefs du château, demandant à capituler. La garnison du fort de Boitron ne tarda pas à en faire autant.

En souvenir du service signalé qu'il avait rendu au duc d'Alençon, Mallard fut nommé capitaine d'Essay, et ses descendants continuèrent à occuper ce poste jusqu'au temps d'Henri IV. L'un d'eux s'est même fait une place dans l'histoire des troubles de la Ligue.

Jean Mallard, sieur de la Motte, capitaine d'Essay, avait embrassé le parti de la Ligue qui avait pour chef principal, dans ce pays, Pierre Rouxel de Médavy, nommé bailli d'Alençon par le duc de Mayenne, en 1589. Mallard passssait pour un de ses meilleurs lieutenants. Cependant, il ne put empêcher René de Saint Denis de Hertré, gouverneur d'Alençon pour Henri IV, de s'emparer du château d'Essay au commencement de 1590. La garde en fut alors confiée à Léon de Bonenfant, sieur du Breuil, gentilhomme ordinaire du roi, écuyer du comte de Soissons. Mais Mallard, qui s'était mis à la tête d'une troupe de paysans révoltés qu'on appelait les *Lipans*, venus après les bandes des *Gautiers*, exterminés aux environs de Commeaux et de Pierrefitte, près d'Argentan, parvint à rentrer dans Essay, pendant une absence du capitaine qui l'avait supplanté. Les habitants, dont il avait su s'attirer les sympathies, lui ouvrirent eux-mêmes leurs portes. Il fit alors d'Essay son quartier général, et les Lipans qui l'avaient suivi purent y trouver un refuge, pour se répandre de là dans tout le pays environnant, depuis Sées, Alençon, Bellême et même jusqu'à Domfront, où la Ligue avait de nombreux adhérents.

Montpensier, gouverneur de Normandie pour Henri IV, dut alors charger Hertré et Jean-Antoine de Saint-Simon, baron de Courtomer, gouverneur d'Argentan, de faire l'investissement d'Essay. Les habitants, fidèles jusqu'au bout à leur ancien capitaine, opposèrent une vive résistance à l'armée royale, mais furent enfin forcés de capituler.

Les Lipans disparurent alors, sans que les historiens aient pris la peine de nous faire connaître l'étymologie de leur nom. Les Lipans, comme les Crocquants, paraissent avoir vécu de maraude et de rapines : franches *lippées* et franches *repues* sont termes synonymes. *Lippeur* signifie gourmand, et il est permis de croire que les Lipans étaient cousins-germains des *Picoreurs* et des *Fricoteurs* et qu'ils formaient l'arrière-ban des Bagaudes et des Pastoureaux, des Jacques et des Chaperons blancs, et l'avant-garde des Nus Pieds et des Chouans.

Mallard, quoique ayant suivi la Ligue, fut réintégré par Henri IV dans son poste de capitaine d'Essay et dans celui de lieutenant de Rouxel de Médavy au gouvernement de Verneuil.

Quant aux bourgeois d'Essay, les conséquences de leur participation à cette révolte furent plus dures. Montpensier fit raser le château. Hertré et le baron de Courtomer furent autorisés à enlever les matériaux provenant de la démolition pour s'indemniser de leurs mises. Les habitants d'Alençon, bons royalistes et peut-être jaloux de leurs voisins d'Essay, se signalèrent par leur empressement à exécuter les ordres du roi. Cependant, les bourgeois d'Essay firent faire des représentations au roi. Mallard, agissant tant en leur nom qu'en celui des habitants de la châtellenie de Sainte-Scolasse, de Sées et autres bourgs et paroisses en dépendant, présenta lui-même leur requête au roi. Suivant arrêt du 10 mai 1594, il fut sursis aux démolitions. Mais la ruine complète de ce château fut reprise, après Henri IV, par Marie de Médicis, duchesse douairière d'Alençon qui, avec ses débris, fit construire une prison.

Au milieu des troubles de la Ligue, l'exercice de la juridiction royale avait subi une interruption complète à Essay. La tenue des assises et des plaids de la châtellenie fut alors transférée à Alençon, au grand mécontentement des habitants. Les assises du bailli du roi, en effet, s'étaient tenues à Essay depuis le XIIIᵉ siècle, et un arrêt de l'Échiquier, de l'an 1244, fait mention d'un jugement rendu aux assises d'Essay, au sujet de Guillot de Foyes.

La châtellenie d'Essay comprenait vingt-six paroisses, dont une portion de la ville de Sées, Courtomer et le Mêle-sur-Sarthe faisaient partie.

La châtellenie de Sainte-Scolasse , comprenant trente paroisses, y avait été réunie par Pierre II, comte d'Alençon, après la destruction du château, mais les assises se tenaient alternativement à Essay et à Sainte-Scolasse. L'importance d'Essay s'en était accrue, et dans une requête présentée au roi, en 1552, par François Mallard, chevalier, capitaine d'Essay, il est dit « que dans ce lieu y a ville et château, forteresse, prisons fermées, prétoire, marchez publiques, assemblées et affluence de peuple et toutes autres choses appartenant à l'administration de la justice, avec toute abondance de commoditez requises et nécessaires. » Mais l'exposant ajoute que « ce néanmoins aulcuns des juges, tant du bailliage que vicomté, ayant plus leur proffict particulier en recommandation que le bien commun et soulagement du peuple, le plus souvent délaissant ledit lieu et siège ancien, tiennent et exercent les juridictions ordinaires et extraordinaires dudit siège et chastellenie tant au lieu de Sées, *qui est un village* ouvert et non clos, situé à l'une des fins et extrémitez de celle chastellenie que ailleurs, où bon leur semble. »

Cette requête fut accueillie et Henri II, par ses lettres patentes du 17 octobre 1553, données à Villers-Cotterets, défendit aux magistrats de tenir la juridiction de la châtellenie d'Essay ailleurs que dans cette ville. Des lettres confirmatives de cette décision furent rendues par Henri II le 23 mai 1557, et par Henri III le 27 janvier 1583, et sont conservées aux archives communales d'Essay.

Après la Ligue, les habitants d'Essay obtinrent un arrêt du Parlement, rendu le 10 mai 1594, portant que les « jurisdictions de bailliage, vicomté, eaux et forestz, tant du siège d'Essay, Saincte-Scolasse et autres jurisdictions qui en dépendent, transférées en la ville d'Alençon, à cause des troubles, seront restablies et doresnavant tenus audict siège d'Essay, comme auparavant lesdicts troubles. »

Léon Mallard fut, quelque temps après, pourvu par le roi de la charge de lieutenant particulier du bailli d'Alençon au siège d'Essay.

Henri IV, en 1591, dans un moment de détresse, avait, il est vrai, aliéné, à titre d'engagement pour 72,720 livres, le domaine d'Essay, au profit du contrôleur général de ses finances, Charles de Saldaigne, sieur d'Encarville, mais il s'était réservé la nomination des officiers de justice et autres. En 1606, à la mort de Saldaigne, Henri IV réunit au domaine du duché d'Alençon les châtellenies d'Essay et de Sainte-Scolasse et la baronnie d'Haute-rive. Après avoir été possédé par la reine Marie de Médicis, veuve de Henri IV, le domaine d'Essay fut engagé de nouveau à Louis de Marillac, maréchal de France, vers 1622, et ensuite à Louis de Rochechouart, comte de Maure, qui résidait quelquefois à Essay et qui fit, en 1694, une fondation en faveur de l'instruction religieuse des enfants de la paroisse, comme le rappelle une inscription gravée sur une plaque de marbre placée dans le chœur de l'église.

La même année, les habitants d'Essay, par arrêt du Conseil rendu le 16 novembre 1694, furent maintenus dans le privilège de nommer un capitaine-major et un lieutenant de leur ville, moyennant payement d'une somme de 350 livres plus les 2 sols pour livre. C'était un impôt déguisé. Les habitants assemblés en forme de général, le 23 janvier 1635 en présence de Fr. Galleron, curé d'Essay, et de Fr. Drugeon, vicaire, nommèrent comme capitaine-major Charles de Puisaye, écuyer, sieur de Beaufossé et des Genettes, à la charge de payer pour eux la somme de 250 livres. Ils nommèrent comme lieutenant Jean-Emmanuel Renault, écuyer, sieur de Bernières, qui s'obligea à acquitter les 100 livres restant.

En 1716, les charges de gouverneur, de lieutenant du roi et de major de la ville d'Essay furent déclarées réunies au domaine, par arrêt du Conseil, en faveur du sieur Coutard, engagiste des domaines d'Essay et Sainte-Scolasse, seigneur de Montchevrel. Après Coutard, Oursin de Digoville, seigneur de Montchevrel, posséda le même domaine, qui paraît avoir passé ensuite à Claude Jacques, Charles de Thiboult, écuyer, seigneur de Touvoie, seigneur honoraire de Sainte-Scolasse et du Chalenge, mort à Essay le 15 septembre 1793. En dernier lieu, le domaine d'Essay appartint à Monsieur, comte de Provence, duc d'Alençon, dont les agents se signalèrent par leur dureté dans les revendications des droits domaniaux qu'ils percevaient contre les usagers.

Les fiefs et arrière-fiefs de la châtellenie d'Essay étaient au nombre d'une cinquantaine. Celui de Boitron en dépendait. Le territoire même d'Essay renfermait les arrière-fiefs ou vavassories de Bernières, de Beaufossé, de Villiers et de Ville-Hatel. C'est sous le pontificat de Jean de Bernières, évêque de Sées, mort en 1294, qu'a eu lieu l'achèvement de la cathédrale de Sées. Beaufossé a été possédé par les Puisaye. Les de Villers sont connus depuis le XI⁰ siècle par le cartulaire de de Saint-Martin de Sées. Ville-Hatel était une dépendance de la baronnie d'Almenèches.

La châtellenie d'Essay, avec le ressort de Sainte-Scolasse, avait été érigée en siège de vicomté en 1636. Cette vicomté fut supprimée, en même temps que celle d'Alençon, par l'édit de novembre 1745. Mais un coup plus rude fut porté à la prospérité d'Essay par l'édit de février 1771 qui, en réunissant la vicomté de Méhurdin à celle d'Essay, transféra cette juridiction à Sées, réforme utile sans doute, mais qui n'en fit pas moins jeter les hauts cris aux intéressés. On assista alors à une série de révolutions dans l'ordre judiciaire, qui préparèrent les esprits à l'idée d'une révolution totale dans l'État. C'est ce que qu'exprime très énergiquement le cahier de doléances des habitants d'Essay en 1789, rédigé par Valazé, propriétaire du domaine des Genettes, qui bientôt fut lui-même appelé à jouer un rôle redoutable sur un plus grand théâtre.

Il existait à Essay une sorte de divertissement se rattachant à l'exercice de la justice dans cette ville qui mérite peut-être d'être signalé.

On sait que les clercs de procureurs formaient, à Paris, des corporations qu'on désignait sous les noms de Basoche du Palais, Basoche du Châtelet, Basoche de la Chambre des comptes ou du haut et puissant empire de Galilée. Ce qu'on connaît moins, c'est l'existence d'associations semblables dans les différentes provinces. La Basoche du Parlement de Normandie, constituée légalement par lettres patentes données par Philippe le Bel en 1281, existait probablement longtemps auparavant à l'état d'association libre. Le roi Louis XII lui accorda, en 1493, une charte de confirmation rédigée en vers, qui fut vérifiée et enregistrée au Parlement de Normandie. La Basoche de Rouen obtint encore du même Parlement un arrêt confirmatif, également en vers, en date du 29 février 1570. Il existait des associations analogues, plus ou moins régulières, dans un grand nombre de sièges inférieurs. Un arrêt du Parlement de Paris, du 27 mars 1604, porte que les basochiens des villes de Tours, Poitiers et Verneuil au Perche ont reconnu la Basoche du Palais, à Paris, comme souveraine.

Les clercs de la Basoche jouissaient de nombreux privilèges ; leur chef prenait les titres pompeux de roi, d'empereur, de chancelier ; ils rendaient des arrêts souverains sur les différends relatifs aux membres de la corporation. Ils avaient

pour armes, à Paris, trois écritoires d'or sur champ
d'azur. C'est à eux que nous devons les premières
représentations des farces, soties ou comédies.
C'est de là qu'est venu le proverbe, « payer en
monnaie de basoche », ou en « monnaie de singe ».
Le terme basoche s'employait même autrefois sim-
plement pour signifier un discours goguenard et
plaisant. Il parait en outre que parfois, lorsqu'il se
rencontrait ce qu'on appelait une *cause grasse*, les
avocats, d'un commun accord, en demandaient le
renvoi au jugement de la Basoche.

Les clercs d'Essay prétendaient être en possession de privilèges semblables, et tous les ans, le
mardi-gras, réunis aux jeunes gens de la ville et
des environs, armés d'épées et masqués, ils avaient
coutume de former un cortège grotesque et de se
rendre à l'auditoire. Le divertissement consistait
dans une parodie des formes de la justice et dans
un jugement motivé des causes grasses. Sous
forme de plaidoyers, on y récitait des vers sati-
riques, composés pour les circonstances et diri-
gés contre les gens du pays, dont la conduite ou
les façons pouvaient prêter à la critique ou simple-
ment au ridicule. On décernait ensuite à celui qu'on
jugeait le plus fou une sorte de marotte ou de
crosse, entourée de lierre et de buis. Une rixe
ayant eu lieu à cette occasion, le mardi 2 mars 1677,
à la suite de laquelle un nommé Gaspard Belin,
d'Essay, trouva la mort, des lettres de rémission
furent accordées à l'auteur de l'accident, au mois

d'avril suivant. L'original de ces lettres, datées de Calais et signées de Louis XIV, est aux Archives départementales.

Arrivons à l'église d'Essay, après avoir donné un coup d'œil aux anciens murs d'enceinte de la ville, dont plusieurs parties, encore bien conservées, présentent un caractère réellement imposant. Cette église, dédiée à Saint-Pierre, avait été donnée par les Talvas aux moines de l'abbaye de Lonlay, qu'ils avaient fondée. Il est à noter que dans le principe l'église d'Essay était desservie par deux curés. L'église actuelle elle-même semble formée par la juxtaposition de deux édifices distincts, représentés d'une part par la nef et de l'autre par le chœur. Cette remarque a été faite par M. de La Sicotière.

L'existence de deux églises et de deux patronages distincts à Essay est confirmée par une réclamation présentée en 1209, aux assises de Sées, par un seigneur du pays, Guillaume de La Garenne, qui prétendait avoir droit au patronage et aux dîmes d'Essay. Il y renonça, à condition que les moines de Lonlay bâtiraient leur grange dîmeresse en dehors de son fief. Un autre seigneur, Robert de Planches, chevalier, et Jeanne d'Essay, sa femme, firent une semblable renonciation, moyennant une somme de 10 livres qui leur fut donnée par les moines.

L'église d'Essay fut desservie par deux curés jusqu'en 1246, où Geoffroy de Mayet, évêque de

Sées, à la demande de l'abbé de Lonlay, fit cesser cette anomalie en supprimant l'un de ces bénéfices. Les religieux de l'abbaye de Lonlay furent patrons et présentateurs de la cure d'Essay jusqu'à la Révolution.

Cette église, dédiée à saint Pierre, présente encore, au moins par sa base, le caractère de l'architecture du XIe siècle, que nous avons remarqué dans les restes du donjon. L'appareil en est disposé en forme de feuilles de fougère. Les chapiteaux des colonnettes qui soutiennent le portail sont formés de têtes grimaçantes, accompagnées d'une sorte d'étoile cantonnée de figures rondes. Au-dessus s'ouvre une petite fenêtre trilobée. La tour surmonte le portail ; elle est garnie de lucarnes à la naissance du clocher, de pinacles à choux frisés et d'épis en plomb d'un effet pittoresque. Une seconde tourelle, moins haute, s'y rattache.

Un petit porche en bois, dont le cintre ogival annonce le XVe siècle, protège une des portes latérales. Sur une des fenêtres de la nef apparaissent quelques débris de vitraux de la Renaissance. La grille du chœur est en fer forgé et d'un joli travail. L'autel est à colonnes torses en bois, décorées de feuilles de vigne et de raisins, dans le goût du XVIIe siècle.

On y remarque trois inscriptions : l'une qui rappelle la fondation faite par le comte de Rochechouart en faveur de l'instruction chrétienne de la jeunesse ; les deux autres consacrées au souvenir du passage à Essay de saint Louis, en 1263, et de Bossuet en 1684.

Parmi les bienfaiteurs de l'église d'Essay, on peut signaler Louis de Bernières, écuyer, de la famille de l'évêque de Sées, consécrateur de la cathédrale qui, le 8 septembre 1461, légua une rente aux curés. Ce legs fut ratifié, en 1478, par son fils, Guillaume de Bernières, écuyer seigneur de Villiers, avec le consentement de Clément Aumont, curé, et de Jean Gallai, vicaire.

Outre l'église et la chapelle Saint-Laurent, il existait à Essay, au XVe siècle, une chapelle dédiée à sainte Marguerite, qui avait pour titulaire Guillaume Le Tellier et qui fut donnée en 1415 par Henri V, roi d'Angleterre, maitre de la Normandie, à Jean Boishul. Essay possédait enfin une léproserie, dédiée à saint Marc, dont on fait remonter l'origine au XIIe siècle. Elle avait été fondée par les habitants et fut, plus tard, réunie à l'hôpital d'Essay, établi au XIVe siècle. L'église de cet hôpital avait été placée sous l'invocation de saint Louis, en souvenir du séjour qu'il fit à Essay en 1269, et c'est une des premières qui ait pris ce saint pour patron.

Au commencement du XVIe siècle, cet hôpital reçut une destination un peu différente de celle qu'avaient eu en vue ses fondateurs. On n'ignore pas que la dissolution des mœurs était grande à cette époque. Charles IV, duc d'Alençon, et Marguerite d'Angoulême, sa femme, sœur de François Ier, résolurent d'établir à Essay une maison derefuge pour les femmes de mauvaise vie qui voudraient faire pénitence. Jacques de Silly, évêque de Sées, du consentement des bourgeois d'Essay, désigna l'hôpital de cette ville pour cette destination, à condition que l'hospitalité continuerait à être exercée, dans une autre maison, en faveur des pauvres.

Les premiers sujets de cette communauté, dédiée à sainte Magdeleine, furent tirés des filles pénitentes de la Magdeleine de Paris. Sur un ancien tableau conservé dans la maison, on voyait même ces premières religieuses représentées avec une croix d'étoffe rouge sur l'épaule, en signe de leur ancienne qualité de filles repenties. Cet institut subsista sous cette forme jusqu'en 1554, époque où le roi Henri II ayant nommé abbesse de la Magdeleine d'Essay Catherine d'Illiers, à la place de Marie de Pluviers, élue par les religieuses, il s'en suivit une sorte de révolution qui détermina la nouvelle abbesse à ne plus recevoir de filles repenties dans la communauté, qui, bientôt, ne fut plus composée que de jeunes filles des meilleures familles du pays. Parmi les anciennes religieuses qui s'étaient signalées par leur résistance, on cite Marguerite Marot qui, voyant arriver les gens du roi nommés commissaires pour faire procéder d'autorité à l'installation de l'abbesse, sonna la cloche de toutes ses forces pour appeler les religieuses au chapitre. Serait-ce une parente de Clément Marot, le protégé de Marguerite, duchesse d'Angoulême et d'Alençon, et de François Ier ?

La période la plus brillante de ce monastère fut marquée par le gouvernement de Mmes de La Chétardie, d'une famille distinguée du Limousin, qui y remplirent successivement les fonctions d'abbesses, de 1643 à 1693. Françoise-Marie de la Chétardie avait été élevée à l'abbaye de Jouarre, sous les yeux de Jeanne de Bourbon, fille du duc de Montpensier, puis présentée à la Cour, où l'avenir le plus brillant semblait lui sourire. Sa prise de voile avait eu lieu avec la plus grande solennité. Mgr Philippe de Cospeau, orateur célèbre, depuis évêque de Lisieux, y avait prêché. Ce fut ce même prélat qui l'obligea d'accepter la charge d'abbesse d'Essay, qu'elle voulait refuser par humilité. Jacques Camus, évêque de Sées, lui donna la bénédiction abbatiale. Elle fit reconstruire l'abbaye en entier, et c'est probablement sous son administration que fut établi le pensionnat de jeunes filles que les religieuses dirigeaient. Elle-même donnait l'exemple de tous les genres de travaux. Elle filait ses habits, comme les simples religieuses, lorsqu'elle ne faisait pas de la broderie, ou des ouvrages de dentelle ou de point. Sa nièce, Marie de La Chétardie, lui succéda, et à défaut de l'évêque de Sées, le siège épiscopal étant alors vacant par suite des difficultés survenues entre Louis XIV et la cour de Rome, Bossuet, évêque de Meaux, sur les instances d'Isabelle d'Orléans, duchesse d'Alençon, vint exprès à Essay, et le 24 août 1684, veille de la fête du roi, procéda à la bénédiction de la jeune abbesse. Sous sa direction, la prospérité de la communauté et du pensionnat continua à augmenter ; il fallut construire un dortoir pour les novices et pourvoir au logement des pensionnaires. Elle excellait également dans les travaux à l'aiguille les plus délicats auxquels il n'est pas facile de ne pas accorder un caractère artistique. Elle avait fini elle-même un magnifique ornement, composé d'une chasuble, de tuniques, devant d'autel, crédences, etc., à fond d'argent avec des fleurs en broderie, exécuté en entier dans la maison.

L'abbaye d'Essay, en partie détruite, s'élevait au milieu du grand enclos qui se trouve au bas du bourg, entre les routes de Sées et du Mêle-sur-Sarthe (1).

III

De là, on aperçoit les Genettes, berceau d'une des familles qui ont inscrit le plus de noms glorieux sur les pages de notre histoire contemporaine : Dufriche de Valazé, le conventionnel, Dufriche des Genettes, médecin de l'armée d'Égypte, et l'abbé

(1) Sur Essay, on peut consulter trois articles parus dans la *Revue normande et percheronne*, année 1893, p. 144, 161 et 165, accompagnés de plusieurs dessins par M. E. Delbauve.

des Genettes, curé de Notre-Dame-des-Victoires. Valazé, dégoûté du métier militaire, s'y est livré à des travaux agricoles importants, tout en méditant des ouvrages sur la politique, la législation, la philosophie ; c'est là qu'est né son fils, le général Valazé.

La maison des Genettes peut donner une idée des goûts et du caractère de son ancien propriétaire. Très modeste d'apparence, elle a dû jadis ressembler à celle rêvée par Rousseau : blanche, avec des contrevents verts et la couverture en tuiles, qu'il trouvait si propre et si gaie. Au devant, une cour de ferme ; derrière, un jardin avec des charmilles disposées en triangles qui en renferment eux-mêmes de plus petits. L'horizon, de ce côté, est vaste et beau, la butte de Boitron s'élève en regard de la maison, et dans le fond de la vallée, caché sous les saules et les peupliers, serpente un petit ruisseau qui arrose de fraîches prairies.

Mais il ne faut pas trop se fier aux apparences, et ce ruisseau qui n'est autre que la Vésonne, dont le nom évidemment gaulois est le même que celui de l'antique capitale gauloise des Petrocorii, est sujet, malgré son air innocent, à des mouvements de colère terribles. Il alimentait l'étang de 37 arpents de largeur qui bordait le château d'un côté et qui dominait la ville. Dans la nuit du 5 au 6 janvier 1788, il se fit une ouverture de 38 pieds dans la chaussée, par laquelle l'eau, se précipitant d'une hauteur de 26 pieds dans la partie basse de la ville, causa en un instant une véritable inondation. Certaines maisons furent submergées jusqu'à la hauteur du plancher. On vit alors se renouveler quelques-unes des scènes du déluge. Les habitants, surpris dans leur sommeil, s'enfuyaient dans leurs greniers, emportant sur leurs épaules leurs femmes et leurs enfants. L'un d'eux n'échappa à une mort affreuse que grâce aux locataires qui logeaient au-dessus de lui et qui, ayant crevé le plancher, lui ménagèrent une issue pour lui et sa famille. Une femme fut trouvée noyée dans sa maison. Deux religieuses de l'abbaye auraient aussi infailliblement péri sans le secours d'un brave jeune homme du pays (1).

Quoique l'étang ait disparu, la Vésonne, comme la Briante, à Alençon, manifeste encore parfois assez sa mauvaise humeur en inondant le bas d'Essay. Un accident de ce genre s'est encore produit il y a quelques années.

C'est dans un de ses replis que se cache Beaufossé, qui tire peut-être son nom du camp retranché, environné de fossés encore très apparents, qu'on remarque de ce côté, au pied même de la butte de Boitron.

Les Puisaye sont les plus anciens seigneurs de Beaufossé que nous connaissions. Le 14 août 1523, maître Guillaume de Pissaye (suivant l'ancienne orthographe de ce nom), prêtre, sieur de Beaufos-

(1) *Étrennes de la Vertu*, pour l'année 1789, p. 39-42.

sez, fit son testament devant les tabellions d'Essay, et légua aux curé et trésor de l'église 30 sous tournois de rente, dont 20 sous pour dire cinq messes basses et 10 sous « pour fournir de luminaire et ornements à dire lesdictes messes »,ladite rente assise sur la terre et seigneurie de Beausfossés et sur ses autres biens. Ce testament fut accepté et ratifié par Jean de Pissaye, écuyer, frère dudit prêtre. Plus tard, les deux frères étant venus à mourir, leur héritage échut à noble homme Philippe de Pissaye, sieur du lieu et de Beausfossés,qui désira donner une autre assiette à cette rente. Sa demande fut accueillie par le curé d'Essay, maître Etienne Richer, et par les trésoriers, Jean de Bernières, écuyer, et Michel Bordin. L'acte en fut fait le 25 décembre 1536, en présence de noble homme Cosme de Brunet, et le greffier Bordin, devant Michel Bordin, tabellion à Essay. Une grosse de ce contrat fut faite le 10 mars 1558 (n. s.), à la requête de Me Charles Moynet, écuyer, prêtre, curé d'Essay, ledit Philippe de Pissaye, absent.

On a vu plus haut qu'en 1695, Charles de de Puisaye, écuyer, sieur de Beaufossé et des Genettes, fut nommé,par délibération des habitants d'Essay, capitaine-major de leur ville. C'est probablement d'un Puisaye que Valazé acheta les Genettes. On sait le rôle que le comte de Puisaye a joué dans le mouvement insurrectionnel du Calvados en 1793, et surtout pendant l'émigration. Beaucoup d'émigrés ont fait peser sur lui, en grande partie, la responsabilité de la malheureuse affaire de Quiberon, dans laquelle fut décimée la fleur de la noblesse française.

Pendant ce temps, le nouveau propriétaire des Genettes, Valazé, suivait une carrière non moins périlleuse et où il devait trouver la mort, mais en restant jusqu'au bout fidèle à l'idéal qu'il avait adopté. Il avait été chargé de la rédaction du Cahier de doléances des habitants, et avait profité de cette occasion pour manifester hautement quelques-unes de ses idées politiques et pour réclamer que les ministres fussent rendus responsables personnellement des abus de pouvoir commis en leur nom. Lorsque s'organisa la garde nationale d'Essay, à la suite des troubles du mois de juillet 1789, durant lesquels les pauvres religieuses d'Essay furent inquiétées à raison des grains que l'on supposait cachés dans leur monastère, Valazé fut nommé commandant et ensuite maire d'Essay. Il protesta vivement, en cette qualité, le 30 juin 1790, contre la translation de l'assemblée primaire du canton à Bursard. Il avait obtenu, en effet, qu'Essay fût érigé en chef-lieu de canton. Il eut alors d'autres difficultés avec les usagers des anciennes terres vagues réunies au domaine de Monsieur et dont lui-même, en 1777, s'était rendu fieffataire avec son frère, dans le but de les mettre en culture. De ce côté, il avait déjà éprouvé beaucoup de mécomptes. Il avait eu des procès à la fois avec les agents du domaine et avec les habitants des paroisses d'Essay, les Ventes de Bourse et Montperroux, qui réclamaient leurs anciens droits d'usage. Il y avait perdu beaucoup d'argent, et son caractère peut-être s'en était aigri. Au mois de janvier 1791, il fut aux prises avec une véritable insurrection des habitants de ces paroisses, qui brisèrent ses clôtures, commirent divers dégâts et même mirent sa vie en danger. Il fut forcé alors de se réfugier, avec sa famille, chez le curé d'Aunou, qui était son parent.

Il était donc préparé au rôle qu'il devait jouer à la Convention, et son parti était pris depuis longtemps lorsqu'il y fut envoyé. « Il semble que dès lors, comme l'a dit éloquemment M. de La Sicotière, il avait un pressentiment de cette vie et de cette mort si fières et si courageuses, plus romaines encore que françaises, et remplies tout à la fois de la conscience et de l'orgueil du devoir. »

Plus tard, lorsque lâchement proscrit par les adversaires sans entrailles auxquels il avait eu le courage de tenir tête, au milieu des interruptions et des insultes parties des tribunes à l'adresse du «chef des hommes d'Etat», et contre lesquels il avait su tirer de son cœur des accents passionnés s'élevant jusqu'à la véritable éloquence, il put, dans les tristes loisirs qui lui furent faits en attendant l'échafaud, voir repasser devant ses yeux les souvenirs d'Essay et des Genettes. Dans sa *Défense*, trouvée après sa mort dans une fente de sa prison, il rappelle qu'il avait fait insérer non sans peine, dans le cahier du

Tiers-État du bailliage d'Alençon, un vœu en faveur de la participation du jury au jugement des affaires criminelles. Il y revient aussi avec un sentiment hautain du devoir accompli et l'amère satisfaction que procurent les sacrifices matériels volontairement acceptés, sur ses travaux agricoles et sur les avantages que les anciens usagers devaient retirer des terrains mis en culture par ses soins :

« Trois cents arpents, fertilisés par mes soins, produisent aujourd'hui pour d'autres que pour moi des récoltes abondantes. Je m'en suis dépouillé moi-même en votant pour le partage des biens communaux. Ce décret m'a rendu pauvre, mais il m'a fait sentir toute ma dignité, et j'ai la gloire d'avoir été juste aux dépens de toute ma fortune. »

Valazé est là tout entier, avec son orgueil inflexible et sa véritable grandeur d'âme. Le caractère de La Fayette, dont un magnifique portrait forme l'ornement du salon de Beaufossé, n'est pas sans analogie avec celui de Valazé. Mais, chez le héros de la guerre de l'Indépendance américaine, la fierté républicaine est tempérée par la grâce, par des qualités brillantes, apanage des gentilshommes d'autrefois, que nous appelons encore le caractère chevaleresque.

Parmi les autres objets d'art que l'Association Normande a pu remarquer encore à Beaufossé, il faut citer une fresque antique, d'une fraîcheur et d'une conservation admirables, provenant de la Maison d'Or de Néron. M. de Corelle, dont une sœur avait épousé le comte Rœderer, fils du sénateur, étant venu se fixer dans le pays, qu'il a longtemps représenté au Conseil général, à la Chambre des députés et à l'Assemblée Nationale de 1848, a rapporté cet objet précieux de son ambassade de Rome. C'est un souvenir offert par Pie IX, en reconnaissance des services éminents qu'il avait rendus à sa personne et à l'Église dans des circonstances critiques.

Le sujet traité par l'artiste grec ou romain qui a exécuté cette belle peinture, d'une remarquable conservation, est la légende d'Œdipe et du Sphinx, ou si l'on veut de la Sphinx, car ici le monstre fantastique, qui du haut de la colline Sphingienne jetait la terreur parmi les voyageurs, est femme par la partie supérieure du corps. Ailleurs, mais moins fréquemment, les Sphinx ont quelquefois une tête d'homme et un visage barbu. Son visage a de la régularité et même de la beauté, si une figure sans bonté peut être autre chose qu'une tête de Méduse. « La vierge, dit notre confrère M. Loriot, a des cheveux noirs qui se recoquevillent en façon de petites cornes ; son corps est nu dans ce qu'il a d'humain, le torse et la poitrine ; il se termine par le bas-en pieds de bouc et s'agrémente aux épaules de l'appendice noir d'une grande aile. La Sphinx plane dans un nuage. De ce poste aérien, sa voix parle comme un oracle. Œdipe, pour prêter à la voix surnaturelle une oreille plus attentive, saute à bas de son cheval ; il en confie la bride aux mains d'un jeune homme qui l'escorte. Pour lui-même, il reste debout, dirige l'index vers la partie inférieure de son front, qui semble se froncer sous l'effort opiniâtre de l'attention.

« Le serviteur ou compagnon d'Œdipe, celui qui tient le cheval par la bride, est vêtu d'un pallium couleur de mauve qu'il relève élégamment sur l'épaule. Il fixe avec anxiété ses regards sur son maître, car il sait que de la réponse attendue dépend la vie du héros.

« Le coloris est d'un violet mêlé d'azur : les carnations sont très lumineuses, car la fresque a pour propriété essentielle d'être doucement teintée. Elle s'esquisse ainsi qu'une ombre colorée et sans troubler en rien les lignes et les surfaces de l'architecture. Pour la finesse toute psychologique de l'analyse, la fresque de Beaufossé est comparable aux tableaux de Nicolas Poussin, le Sophocle de la peinture moderne. Pour l'harmonie des tons, on peut la rapprocher des Boticelli, des Angelico et des fresques si légères et si spirituelles des primitifs italiens. On peut la comparer aux Puvis de Chavannes ! »

Ce sujet, on le sait, a été traité bien des fois par les artistes grecs et romains, mais nulle part avec cette supériorité, comme l'a fait très justement remarquer M. Florentin Loriot (1).

(1) *L'Avenir de l'Orne* 5 août 1891

IV

Boitron était le point extrême de notre excursion. Au pied de la butte, avant d'arriver à la route de Sées au Mesle-sur-Sarthe, on remarque dans un taillis que longe le sentier une enceinte formée par un large fossé et par un revêtement en terre de 4 mètres de hauteur environ. Ce retranchement nous paraît avoir été un camp destiné à protéger les défenseurs du fort de Boitron contre les attaques venant du côté d'Essay, et peut-être, comme nous l'avons déjà dit, les fossés ont-ils eux-mêmes donné leur nom à la propriété de Beaufossé.

La butte de Boitron, qui domine au loin la plaine entre Sées et Essay, est formée par une masse de grès rouge et constitue un point stratégique remarquable. Ses flancs, déchirés par l'extraction des pierres, présentent, du côté de Sées, l'aspect d'une plaie saignante « qui forme un contraste brusque avec la sombre verdure des bois de sapins dont elle est enveloppée » (1).

Autour de la butte tournent l'un sur l'autre deux espèces de chemins de ronde, protégés par des murs dont quelques fragments, dit M. de La Sicotière, offrent encore des traces d'appareil à

____

(1) La reproduction d'un remarquable dessin représentant la butte de Boitron est jointe à un article que j'ai fait paraître dans la *Revue normande et percheronne* en 1893. Ce dessin a été exécuté par M. Delbauve.

feuilles de fougère. Un trou nommé le *Trou d'enfer*, et que l'on croit dans le pays bouché par une grille de fer, a dû servir de citerne. Parmi les traditions populaires se rattachant au *castrum* de Boitron, se retrouve celle de l'éternel souterrain creusé dans le roc vif et traversant la butte pour aller communiquer avec Essay et même avec la cathédrale de Sées (1).

Les fouilles que M. de Corcelle a eu l'heureuse idée de faire exécuter ne nous ont naturellement rien appris au sujet de ce prétendu souterrain, mais ont mis au jour une quantité considérable de carreaux ou pointes de flèches en fer conservées au château de Beaufossé. Ce sont les restes d'un dépôt d'armes préparé en vue d'un siège soutenu par les défenseurs de Boitron et oublié après la prise du fort.

Autour de la butte, dont le sommet forme une esplanade d'une trentaine de pieds de largeur, ces fouilles ont fait reconnaître les restes des trois enceintes du donjon, au pied duquel on a trouvé des tuiles à rebords et des fragments de poterie rouge et brune remontant à une époque reculée.

Il paraît évident qu'un poste naturel tel que celui de Boitron, très important au point de vue militaire, n'a pu être négligé aux temps les plus anciens et lors même que les preuves en feraient absolument défaut. Il nous semble donc que l'on

____

(1) *Le département de l'Orne archéologique et pittoresque*, p. 165.

peut admettre qu'il a dû être occupé en même temps que Sées et Essay. Nous nous séparons sur ce point de l'opinion émise par notre savant confrère, M. le comte de Marsy.

Le nom des anciens seigneurs de Bellême, les Talvas, est resté attaché aux ruines des remparts qui couronnaient la butte et que l'on appelle dans le pays le château des Talvas. L'histoire confirme ce souvenir, car nous savons que le 23 octobre 1105, le mardi, jour de la fête de saint Romain, archevêque de Rouen, Robert II de Bellême tint une assemblée de barons à Boitron, en présence d'Arnoul, abbé de Troarn, dans laquelle Normand de Néauphle ratifia les ventes et les donations faites à Saint-Martin de Sées par Girard de Chenay (de Canayo) dont il était l'héritier.

Antérieurement à cet acte, Jean Burnet, seigneur de Fontaines, avait donné à Saint-Martin de Sées tous les droits qu'il pouvait prétendre sur l'église et sur le moulin de Boitron (*de Beitron*), ce qui avait été confirmé par le comte Roger de Mont-gommery, époux de Mabile de Bellême. De plus, Roger Regnard (*Vulpes*), du consentement de Girard Corbet, son seigneur, avait donné à la même abbaye deux parts de la dîme des troupeaux et des moissons sur la terre qu'il possédait dans le fief de Boitron. Raoul, prévôt de Boitron, fut témoin de cet acte (1).

(1) *Livre blanc* de Saint-Martin de Sées, nᵒˢ XLV, L, CLXIX, copie Aure. — Archives de l'Orne, H. 938.

L'église de Boitron est de l'époque romane.
« Quelques fragments de maçonnerie à feuilles de
fougère au latéral droit, une porte ronde bouchée,
d'étroites fenêtres en forme de meurtrières, des
arcades qui font communiquer la nef avec le chœur
et que décore une sorte d'X cantonné de besans,
pareil à celui que nous avons remarqué sur la porte
de l'église d'Essay, sont du XIIᵉ siècle. Les statues
en bois que l'on voit à l'intérieur, et particulière-
ment un Père éternel, porteur de moustaches,
comme dans la plupart des anciennes images avec
lesquelles il a d'ailleurs si peu de ressemblance,
sont d'une laideur et d'une barbarie repous-
santes » (1).

Cette église était dédiée à saint Martin. Le droit
de présentation à la cure appartenait à l'abbaye
d'Almenèches, et un jugement fut rendu à ce sujet
en sa faveur, en 1213, par l'Échiquier de Normandie (2). La cure était estimée valoir 4,000 livres
de revenu, quoique le curé partageât les dîmes
avec l'abbé de Saint-Martin, le chapitre de Sées et
le Trésor. Mais il avait bien six jours de terres
d'aumône.

Jean Regnard, curé de Boitron, fut un des exé-
cuteurs testamentaires de Grégoire Langlois, évêque
de Sées, mort en 1404, pour la fondation des deux

(1) L. de La Sicotière, *ibid.*
(2) L. Delisle, *Recueil des jugements de l'Échiquier,*
nᵒ 111.